12 FEVR. 1863   PA

NOTICE
D'UNE VENTE
DE

PLANCHES
ET

CARTES GÉOGRAPHIQUES GRAVÉES

ANCIENNES ET MODERNES

DONT LA VENTE AUX ENCHÈRES PUBLIQUES AURA LIEU

Par suite du Décès de M. FATOUT

HOTEL DES COMMISSAIRES-PRISEURS
Rue Drouot, n° 5
SALLE N° 4, AU PREMIER ÉTAGE

Les Jeudi 12 & Vendredi 13 Février 1863, à une heure.

Me DANTHONAY, Cre-Priseur, rue de la Michodière, 8,
Et **Me DELBERGUE-CORMONT**, Cre-Priseur,
rue de Provence, 8,
Assistés de **M. CLEMENT**, Md d'Estampes de la Bibliothèque
Impériale, rue des Saints-Pères, 3,
CHEZ LESQUELS SE DISTRIBUE LA PRÉSENTE NOTICE.

EXPOSITION PUBLIQUE
Le Mercredi 11 Février 1863, de une heure à quatre heures.

PARIS
RENOU & MAULDE
IMPRIMEURS DE LA COMPAGNIE DES COMMISSAIRES-PRISEURS
Rue de Rivoli, 144

1863

CONDITIONS DE LA VENTE

Elle sera faite au comptant.

Les Acquéreurs paieront, en sus des adjudications, CINQ pour CENT applicables aux frais de la vente.

ORDRE DES VACATIONS

Le JEUDI **12 Février** : Les gravures anciennes et modernes, du numéro 1 à 146.

Le VENDREDI **13 Février** : Les planches et cartes géographiques gravées, du numéro 147 à 191.

ESTAMPES ANCIENNES

1. **Audran** (Gérard). Dieu apparaissant à Laban ; Ananie et Saphire ; saint Paul et saint Barnabé à Lystre, trois pièces d'après Raphaël, plus Aaron devant Pharaon, par Poilly, d'après N. Poussin. Quatre pièces.
2. — Le Martyre de sainte Agnès, d'après le Dominicain, le Martyre de saint Laurent, d'après E. Lesueur. Deux pièces.
3. — Galathée sur les eaux, d'après C Maratte, ép. avant la lettre ; l'Annonciation, par Duflos, d'apr. le Dominiquin. Deux pièces.
4. **Balechou** (J.-J). La Tempête, d'apr. J. Vernet, rare épreuve avant toutes lettres et avant les armes ; au verso se trouve une épreuve du troisième état. Collection Thorel.
5. **Boissieu** (J.-J. de). Soixante et onze pièces de son œuvre.
6. **Drevet** (Pierre). Portrait de Louis XIV, d'après Rigaud. Très-belle épreuve.
7. **Duvet** (Jean), dit le Maître à la Licorne. Sujet allégorique aux amours de Henri II et de Diane de Poitiers (R. D. 58). Belle épreuve, deux coins sont refaits. Collection Thorel.
8. **Dusart** (Corneille). Le Violonneur assis. Ancienne et belle épreuve.

9 **Edelinck** (Gérard). Combat des quatre Cavaliers, d'après Léonard de Vinci. Belle épreuve avant les points.

10 **Gellée** (Claude), dit **Le Lorrain**. Le troupeau en marche par un temps orageux. Belle épreuve.

11 **Pesne** (Jean). Le Testament d'Eudamidas, d'après Le Poussin, épreuve du 1er état, avant les contre-tailles sur la lance ; malheureusement, elle a été coupée tout au tour et reportée sur la marge d'une autre épreuve.

12 **Raimondi** (Marc-Antoine). Les Grimpeurs, d'ap. Michel Ange. Belle épreuve ; elle est doublée.

13 **Strange** (Robert). Sainte Cécile, d'après Raphaël. Belle épreuve.

14 — *Te Deum laudamus. Parmigiani Amica. Parce summum rumpere.* Trois pièces d'après le Parmesan et C. Maratte.

15 — Joseph et Putiphar, Didon sur son bucher, Romulus et Rémus, César répudie Pompeia, sainte Cécile. Cinq pièces d'après Titien, Guerchin, Bertinus da Cortone et Raphaël.

16 **Suyderhoef** (Jonas). La querelle des paysans, pièce en largeur, dite le Coup de couteau, d'apr. Terburg. Superbe épreuve du 1er état, avant les vers et l'adresse de Clément de Jonghe. Collection Verstolk de Soelen.

17 — La même composition, d'après Ostade. Pièce en hauteur. Ancienne et belle épreuve.

18 — Le Bal, d'apr. Ostade. Ancienne et belle épr.

19 — Les trois Commères, d'après Ostade, épreuve avant les angles ombrés et avec l'adresse de Nicolas Visscher.

20 — La Paix de Munster, d'après Terburg, curieuse épreuve tirée sur satin.

21 — Silène, d'apr. Rubens. Sainte Marguerite, gravée par Bloemaert. Deux pièces, belles épreuves.

22 **Visscher** (Corneille). La Bohémienne. Belle épr.

22 bis. — La Mise au Tombeau, d'après P. Véronèse. Belle épreuve.

23 **Visscher** (C.) et **Goltzius** (H.). La Résurrection, d'après Rubens, la Résurrection, la Mise au Tombeau et la Copie du chien de Goltzius. Quatre pièces.

24 **Wille** (Jean-Georges). L'Instruction paternelle, d'après G. Terburg. Pièce connue sous le nom de *La Robe de Satin*. Très-rare épreuve avant la bordure; elle n'est pas entièrement terminée. Très-rare.

25 — Agar présentée à Abraham, d'après Dietricy, épreuve avant la lettre et avant les armes.

26 — Le Concert de Famille, d'après G. Schalken. Epreuve avant la lettre.

27 — La même estampe, ancienne et belle épreuve.

28 — Portrait de Elisabeth de Gouy, femme d'Hyacinte Rigaud, d'après ce dernier. Epreuve avant la lettre.

29 — Le Repos de la Vierge, d'après Dietricy, épreuve avant la dédicace, sur papier de Chine.

30 — La Tante de Gérard Dow, d'après ce dernier; le Sapeur du temps passé, d'après Wille fils. Deux pièces, épreuves avant la lettre.

31 — Le Sapeur du temps passé, d'après Wille fils. Deux épreuves avant la lettre.

32 — Agar présentée à Abraham, l'Observateur distrait, le Repos de la Vierge, les Soins maternels, les Délices maternels. Six pièces.

33 — Portraits des Maréchaux de Saxe et de Lowendal, François de Neufville et Jean-Baptiste Massé. Quatre portraits.

34 — Portraits du Dauphin de France, deux épreuves; le cardinal de Tencin; François Chicoyneau; Claude Lecat; Louis II dit le Bègue et Corneille, par Fiquet. Sept portraits.

35 **Woollet** (William). Saint Jean et la Madeleine, d'après A. Carrache. Avant la lettre et un autre sujet à l'eau-forte.

36 Mort du général Wolfe; les Édifices romains. Deux pièces.

37 — Paysages d'après Cl. Lorrain et John Smith. Quatre pièces.

38 **Woollet**, **Hall** et **Byrne**. La mort du général Wolfe; la Bataille de la Boyne, deux épreuves; la mort du capitaine Cook. Quatre pièces.

ESTAMPES MODERNES

39 **Adam** (Pierre). Louis XVI faisant l'aumône, d'après Hersent. Épreuve avant la lettre, sur papier de Chine.

40 **Anderloni** (Faustino). Sainte-Famille, d'après le Poussin. Épreuve avant toutes lettres.

— 7 —

41 **Anderloni** (P.) et **Morghen** (R.). La Femme adultère, d'après Titien; Loth et ses filles, d'après le Guerchin. Deux pièces.

42 **Aristide** (Louis). Mater Dolorosa, d'après Ribera.

43 **Bartolozzi**. La Mort de lord Chatam, avec le trait explicatif.

44 **Beauvarlet** (J.-F.). Histoire d'Esther et Assuérus. Suite de sept pièces. Epreuves avant la lettre.

45 **Bervic** (C.-C.). L'Enlèvement de Déjanire; l'Education d'Achille, l'Innocence. Trois pièces d'après le Guide, Regnault et Mérimée.

46 — L'Innocence, d'après Mérimée. Epreuve avant la lettre. Scène de la Saint-Barthélemy, d'après P. Delaroche. Deux pièces.

47 **Blanchard** (Auguste). Le Repos en Egypte, d'après Bouchot. Epreuve d'artiste, avant la bordure, signée du graveur.

48 — La même estampe. Epreuve avant la lettre.

49 **Blot** (M.). La Vierge aux Candelabres, d'après Raphaël. Epreuve avant la lettre (lettres grises), sur papier de Chine.

50 **Bosq** et **Allais**. L'Horoscope de Sixte-Quint, d'après Schnetz; Van Dyck peignant sa maîtresse, d'après Ducis. Deux pièces avant la lettre.

51 **Buonafede** (Gio.). Le Violoneur, d'après Raphaël. Epreuve d'artiste, sur papier de chine. La même estampe; épreuve avec la lettre.

52 — L'Espérance, d'après le Guide; épreuve avant la lettre, sur chine.

— 8 —

53 **Calamatta** (L.). Portrait du duc d'Orléans, d'après M. Ingres. Épreuve avant la lettre, sur chine.

54 **Caron** (Adolphe). Marguerite à l'église, d'après A. Scheffer. Épreuve avant la lettre.

55 **Caron** et **Laugier**. La Famille malheureuse ; le Zéphyr. Deux pièces d'après Prudhon; épreuves avant la lettre.

56 **Chollet**. La dernière cartouche, d'après Horace Vernet; épreuve avant la lettre, sur papier de Chine.

57 **Claessens** (L.-A.). La Descente de Croix, d'après Rubens. Épreuve avant la lettre. (Lettres grises).

58 — La Femme hydropique, d'après Gérard Dow ; épreuve avant la lettre (lettres grises), sur papier de Chine.

59 — La Ronde de nuit, d'après Rembrandt; épreuve avant la lettre.

60 **Coiny**. La Création d'Ève, d'après Michel-Ange. Épreuve avant toutes lettres, sur papier de Chine.

61 **Darcis**. Char d'Hippolyte ; le Retour de la course, d'après C. Vernet. Deux pièces avant la lettre.

62 **Desnoyers** (Auguste Boucher, baron). La madone de Saint-Sixte, d'après Raphaël; épreuve avant la lettre, sur papier de Chine.

63 — La Vierge à la Chaise, d'après Raphaël; épreuve avant la lettre. (Lettres grises).

64 — La Vierge au Linge, d'après Raphaël. Épreuve avant toutes lettres; elle n'est pas terminée.

65 — Les trois Vertus théologales, d'après Raphaël ; belles épreuves.

66 **Desnoyers** et **Richomme**. La Vierge du palais Tempi ; la Vierge au Livre. Deux pièces d'après Raphaël.

67 **Desnoyers** et **Massard**. Bélisaire et Homère. Deux pièces d'après Gérard.

68 **Dupont** (Henriquel) et **Blanchard** (Auguste). Christ consolateur. — Christ rédempteur. Deux pièces, d'après A. Scheffer ; épreuve avant toutes lettres, sur chine, dites ainsi épreuves d'artistes.

69 **Dupont** (Henriquel). Gustave Wasa, d'après Hersent ; épreuve avant la lettre. (Lettres grises.)

70 — Ensevelissement du Christ, d'après P. Delaroche.

71 — La Vierge et l'Enfant Jésus, d'après Raphaël ; épreuve d'artiste, sur chine, et la Vierge du Palais Tempi, par Masquelier. Deux pièces.

72 — Portrait d'Ary Scheffer, d'après L. Benouville.

73 — Portrait de Pierre le Grand, d'après P. Delaroche.

74 — Portrait du comte de Ségur. Epreuve avant la lettre.

75 **Felsing** (G.). Sainte Geneviève, d'après Steinbruck ; épreuve avant la lettre.

76 — Le Sauveur du Monde, d'après L. de Vinci ; épreuve avant la lettre.

77 **Forster** (M. F.). La Vierge à la Légende, d'après Raphaël. — La Vierge au Bas-Relief, d'après Léonard de Vinci. Deux pièces.

78 — Les trois Grâces, d'après Raphaël. Epreuve d'essai, signée du graveur avant toutes lettres

79 — Portrait de Raphaël, et Raphaël à l'âge de quinze ans. Deux portraits d'après lui.

80 — François Ier et Charles V, visitant les tombeaux de Saint-Denis, d'après Gros; épreuve d'artiste, sur papier de Chine.

81 **Forster** et **Massard**. La Vierge de la maison d'Orléans. — Sainte Cécile. Deux pièces d'après Raphaël.

82 **Gandolfi**. Saint Jérôme, d'après le Corrége; épreuve avant toutes lettres.

83 **Garavaglia** (Giovita). Sainte Madeleine, d'après C. Dolci. Epreuve avant la lettre.

84 — La Vierge à la Chaise, d'après Raphaël.

85 **Gros** (d'après). Napoléon visitant le champ de bataille d'Eylau; gravé par Vallot.

86 **Gérard** (d'après). La bataille d'Austerlitz; gravée par Godefroy.

87 **Hess** (C.). Le jugement dernier, d'après Rubens; épreuve avant la lettre.

88 **Isabey** (d'après). La revue du premier consul. — Le congrès de Vienne. Deux pièces à l'eau-forte.

89 **Kaiser** (J. W.). Commémoration de la paix de Munster; épreuve avant la lettre, sur papier de Chine.

90 **Laugier**. L'Aurore et Céphale, Héro et Léandre, Sapho, d'après Delorme et Gros; trois pièces avant la lettre.

91 **Lefèvre** (A.). La Madone de Saint-Sébastien, d'après le Corrége.

92 **Leroux**. La Vierge aux Anges, d'après Murillo.

— 11 —

93 **Leroux** et **Leisnier**. Portraits de Léonard de Vinci et Marc-Antoine Raimondi. Deux pièces d'après Raphaël et Léonard de Vinci.

94 **Lignon** (F.). L'Ecce-Homo, d'après le Guide. Epreuve avant la lettre.

95 — Portraits de Talma et Mlle Mars, d'après Picot et Gérard. Deux portraits faisant pendants; épreuves avant la lettre.

96 — Portrait de Léon X, d'après Raphaël. Epreuve avant la lettre; du Poussin, d'après lui-même; Sainte Geneviève à l'eau-forte, par Felsing. Trois pièces.

97 **Longhi** (Giuseppe). La Vierge à la Bénédiction, d'après Raphaël; épreuve avant la lettre (Lettres grises).

98 — La Vierge au Voile, d'après Raphaël. Epreuve avant la lettre.

99 **Longhi** et **Garavaglia**. La Décollation de Saint Jean, d'après Gérard Dow; David, d'après le Guerchin. Deux pièces avant la lettre.

100 **Lutz** (P.). La Vierge entourée de quatre saints, d'après Bagnacavello; épreuve avant toutes lettres, sur papier de Chine.

101 — La Vierge du Palais Tempi, d'après Raphaël; la Piété filiale. Deux pièces épreuves avant la lettre.

103 **Mercury** (P.). Sainte Marguerite, reine de Hongrie, d'après P. Delaroche. Très belle épreuve d'artiste, signée du graveur.

104 — La même estampe. Épreuve du même état que la précédente, signée également du graveur.

105 — Portrait de Mme de Maintenon, d'après Petitot. Épreuve avant la bordure.

106 **Mercury** et **Masquelier**. Portrait de Christophe Colomb, la Vierge du Palais Tempi, d'après Raphaël. Deux pièces avant la lettre.

107 **Morghen** (Raphaël). *Parce somnum rumpere*, d'après Titien. Épreuve, lettres grises.

109 — Mater Dolorosa, d'après C. Dolci. Épreuve avant toutes lettres.

110 — Jésus apparaissant à la Madeleine, d'après le Baroche; la Femme adultère, par Bartolozzi. Épreuve avant la lettre. Deux pièces.

111 — Le Char de l'Aurore, d'après le Guide. ~~Ancienne épreuve.~~

112 — La même estampe.

113 — Portraits de Laurent de Médicis, Marie-Ferdinand de Saxe, duchesse de Toscane, et buste de Denon. Trois pièces avant la lettre.

114 **Morghen** et **Masquelier**. La Vierge, l'Enfant Jésus et saint Jean. d'après An. del Sarte; la Vierge du Palais Tempi, d'après Raphaël; Tête de Christ gravée par Aristide Louis. Trois pièces avant la lettre.

115 **Morghen** et **Scharp**. Princesse Bacciochi; Louis XVIII. Francesco Guicciardini. Portrait de femme et tête de femme, d'après Michel-Ange. Sept pièces avant la lettre.

115 bis

116 **Muller** (C.) et **Schuler**. La Vierge au lapin, d'après le Corrège. Épreuve avant la lettre, sur papier de Chine.

117 **Nocchi** (P.), **Bettelini** et **Scharpp**. La Vierge, dite la Belle Jardinière. Avant la lettre. La Madonna del Cardellino ; le Sommeil de Jésus ; sainte Cécile. Quatre pièces d'après Raphaël et le Dominiquin.

118 **Perfetti** (A.). La Nativité de la Vierge, d'après André del Sarte.

119 **Pigeot** et **Lacour**. Le Ménage hollandais, d'ap. Gérard Dow. Epreuve avant la lettre, sur Chine.

120 **Porporati**. Le Bain de Léda, d'après Corrège. Épreuve avant la lettre.

121 — Suzanne au bain, d'après Santerre. Épreuve avant la réception.

122 **Pradier** (C. S.). La Vierge aux ruines, d'après Raphaël. Épreuve lettres grises.

123 **Raimbach** (A.). Le Colin-Maillard, d'après Wilkie. Épreuve lettres grises.

124 **Raimbach** et **Burnet**. Les Politiques de village, le Jour des rentes, le Colin-Maillard, le Joueur de violon. Quatre pièces, d'après Wilkie.

125 **Revel** et **Blanchard**. Les Bons Amis, d'après M. Meissonnier. Épreuve d'essai.

126 — La même estampe. Épreuve d'artiste sur papier de Chine.

127 — La même estampe. Épreuve avant la lettre, sur papier de Chine.

128 — La même estampe. Épreuve avec la lettre.

129 **Richomme** (J.-T.). Le Triomphe de Galathée, d'après Raphaël. Ancienne épreuve.

131 **Rosaspina** (F.). Le Jugement dernier, d'après Rubens.

132 **Saunders** (F.). L'Assomption de la Vierge, d'après Fra Bartholomeo. Épreuve avant la lettre.

133 **Sixdéniers**. Honneurs rendus à Raphaël après sa mort, d'après Bergeret.

134 **Steinla** (M.). La Vierge au sacre, d'après Fra Bartolomeo. Épreuve avant la lettre.

135 — La Vierge de la cathédrale de Lucques, d'après F. Bartholomeo.

136 **Tavernier**. La Circassienne au bain, Narcisse. Deux pièces.

137 **Testi** (David). La Force, d'après Michel-Ange. Épreuve avant toutes lettres.

138 — La même estampe. Épreuve avant la lettre.

139 **Toschi** (P.). La Vierge della Tenda, d'après Raphaël. Épreuve sans lettres.

140 — Le Testament d'Eudamidas, d'après le Poussin. Cette estampe n'a jamais été terminée.

141 **Vibert** (V.). Le Symbole de la vie, d'après V. Orsel.

142 **Volpato** (Gio). Le Char de la Nuit, d'après le Guerchin.

143 **Walker** (W.). Assemblée des Luthériens, d'après Cattermole. Épreuve avant la lettre, sur papier de Chine.

144 La Joconde, d'après Léonard de Vinci. Lithographiée par Aubry Lecomte. Épreuve avant la lettre.

145 Pièces du Musée français. Douze estampes avant et avec la lettre.

146 Sous ce numéro seront vendus les articles omis au présent Catalogue.

PLANCHES GRAVÉES

146 La Mise au Tombeau, d'après Raphaël, gravée au burin par Masquelier. *Sur cuivre.*

H. 57 c. L. 76 c.

60 épreuves avant la lettre, sur chine, 68 avant la lettre, sur blanc, et 34 avec la lettre.

147 La Descente de Croix, d'après Rubens, gravée au burin par Claessens. *Sur cuivre.*

H. 76 c. L. 55 c.

15 épreuves.

148 La Femme hydropique, d'après Gérard Dow, gravée au burin par Claessens. *Sur cuivre.* Deux planches, dont une pour donner la première teinte d'impression.

H. 58 c. L. 47 c.

2 épreuves avant toutes lettres, 11 épreuves lettres grises, et 82 épreuves avec la lettre.

149 La Vierge au poisson, d'après Raphaël, gravée au burin par Lignon. *Sur cuivre.*

H. 43 c. L. 32 c.

30 épreuves.

150 La Vierge et l'Enfant Jésus, dite du Palais Tempi, d'après Raphaël, gravée au burin par Masquelier. *Sur cuivre.*

H. 26 c. L. 20 c.

37 épreuves.

151 Bonheur du Travail, Dangers de l'Oisiveté, deux planches faisant pendants, d'après M. Maison, gravées en manière noire par M. Pichard. *Sur acier*.
L. 82 c. H. 55 c.
146 épreuves.

152 Le Passage de la Bérésina, d'après Langlois, gravé au burin par Adam. *Sur cuivre*.
L. 76 c. H. 59 c.
25 épreuves.

153 La Fête-Dieu. — La Fête de la Vierge, deux planches faisant pendant, gravées en manière noire par M. Jazet. *Sur acier*.
H. 60 c. L. 45 c.
10 épreuves.

154 La Cène, d'après Léonard de Vinci. — La Femme adultère, d'après le Titien. — Le Frappement du rocher. — La Multiplication des pains. Ces deux dernières, d'après Murillo. Quatre planches formant une suite, gravées en manière noire par M. Boilly. *Sur acier*.
L. 60 c. H. 35 c.
380 épreuves.

155 Le Christ au Calice, d'après Van Dick. — L'Immaculée-Conception, d'après Murillo, gravés en manière noire par M. Boilly. Deux sujets formant pendants. *Sur acier*.
H. 42 c. L. 30 c.
140 épreuves.

156 La Vierge et l'Enfant Jésus, d'après Murillo, gravé en manière noire par M. Boilly. *Sur acier*.
H. 34 c. L. 24 c.
50 épreuves.

157 La Vertu chancelante. — La Vertu raffermie. Deux planches faisant pendants, gravées en manière noire par M. Boilly. *Sur acier.*
H. 35 c. L. 26 c.
100 épreuves.

158 Lever du Soleil, — Diogène, d'après N. Poussin. Deux planches faisant pendants, gravées à l'eau-forte par Grebert. *Sur cuivre.*
Diogène : L. 50 c. H. 36 c. — Lever du Soleil : L. 43 c. L. 30 c.
40 épreuves.

159 Le Naufrage de la Méduse, d'après Géricault, gravé en manière noire par Reynolds. *Sur acier.*
L. 79 c. H. 54 c.
34 épreuves avant la lettre, 6 avec la lettre.

160 La Fuite en Égypte, d'après Watelet, gravée au burin par Grebert.
L. 71 c. H. 50 c.
25 épreuves.

161 Deux Paysages formant têtes d'homme, gravés au burin par Fortier. *Sur cuivre.*
L. 24 c. H. 18 c.
80 épreuves.

162 Sujets de la vie de Jeanne d'Arc, d'après Deveria par Adam. Deux planches faisant pendants, gravées au burin. *Sur cuivre.* Avec quelques épreuves.
H. 30 c. L. 24 c.

163 Quatre sujets de chasse, d'après Le Dieu, gravés à la manière noire par Moreau. Quatre planches formant pendants.
L. 46 c. H. 32 c.
Quelques épreuves.

164 Huit planches gravées à l'aqua-tinta, *sur acier*, représentant des chartes de la Révolution française.
H. 42 c. L. 36 c.
Quelques épreuves.

165 Portrait de Pie IX, gravé sur acier par Testard.
H. 26 cent. L. 20 c.
9 épreuves.

CARTES GÉOGRAPHIQUES GRAVÉES

166 Atlas de Géographie industrielle, par M. Wuilmain. Seize planches de la même dimension, dont quatre en hauteur et douze en largeur, gravées par M. Langevin et illustrées par M. Gérin. *Sur acier.*
L. 84 c. H. 60 c.
1,200 épreuves; 55 atlas cartonnés de huit épreuves.

167 Planisphère, par MM. Wuilmain et Perot, gravé par M. Langevin. *Sur acier.*
L. 107 c. H. 81 c.

168 Carte d'Europe, par MM. Wuilmain et Perot, gravée par M. Langevin. *Sur acier.*
L. 107 c. H. 81 c.

169 Carte de France, par MM. Wuilmain et Perot, gravée par M. Langevin. *Sur acier.*
L. 107 c. H. 81 c.

170 Plan de Paris, par MM. Wuilmain et Perot, gravé par M. Langevin. *Sur acier.*
L. 107 c. H. 81 c.
Ces quatre numéros forment une suite.
Le nombre des épreuves sera indiqué au moment de la mise sur table.

171 L'Atlas des départements, par MM. Fremin et Donnet. Quatre-vingt-onze planches de la même dimension, gravées par MM. Malo frères. *Sur cuivre.*
L. 67 c. H. 48 c.
2,250 épreuves et un atlas relié.

172 Vues de Paris et Versailles, par M. Testard. — Rome et Naples, par M. Appert. Quatre grandes planches de la même grandeur. *Sur acier.* Avec les traits explicatifs des vues de Paris, Rome et Naples.
L. 82 c. H. 52 c.
119 épreuves.

173 Collection de dix planches formant Atlas, par M. Megret. Dix planches gravées *sur acier.*
L. 25 c. H. 48 c.
115 exemplaires reliés et cartonnés.

174 L'Europe, réduite par M. Wuilmain, gravée par M. Langevin. *Sur acier.*
L. 84 c. H. 62 c.
11 épreuves.

175 La France, réduite par M. Wuilmain, gravée par M. Bénard. *Sur acier.*

L. 84 c. H. 60 c.

140 épreuves.

177 L'Amérique du Nord, l'Amérique du Sud, par M. Wuilmain. Deux planches de la même dimension, gravées par M. Langevin.

Dimension de chaque planche : H. 76 c. L. 54 c.

178 Carte gravée en deux planches du plan pittoresque de la ville de Paris, par M. Wuilmain. Deux planches de la même grandeur.

Dimension de chaque planche : H. 82 c. L. 53 c.

55 épreuves.

179 Plan de Paris, réduit par M. Wuilmain, gravé par M. Langevin, *sur acier.*

L. 84 c. H. 56 c.

25 épreuves.

180 Plan de Paris simplifié, par M. Wuilmain, gravé par M. Langevin, *sur acier.*

L. 84 c. H. 65 c.

9 épreuves.

181 Plan des environs de Paris, gravé par M. Bénard, *sur acier.*

L. 84 c. H. 54 c.

105 épreuves.

182 Nouveau plan routier de la ville de Paris, avant l'annexion, gravé par M. Jacque, *sur cuivre.*
L. 56 c. H. 40 c.
35 épreuves

183 Souvenirs de Paris, gravé par M. Guesnu, *sur acier.*
L. 54 c. H. 37 c.
15 épreuves et 75 cartonnées.

184 Souvenirs du Bois de Boulogne, gravé par M. Guesnu, *sur acier.*
L. 52 c. H. 35 c.
260 épreuves.

185 Petites vues de Paris, dessinées par Gavard et gravées par Salathé, 32 planches, dont 18 *sur acier* et 14 *sur cuivre.*
L. 00 c. H. 00 c.
350 épreuves.

186 Histoire illustrée de Napoléon, gravée par Langevin, *sur acier.*
L. 108 c. H. 82 c.

187 Tableau de dessin linéaire, par M. Megret, gravé par M. Testard et par M. Langevin, *sur acier.*
L. 108 c. H. 82 c.
épreuves en feuilles et 17 cartonnées.

188 Tableau d'Histoire universelle, gravé par M. Colin, *sur cuivre.*
H. 99 c. L. 64 c.
20 épreuves.

189 Physionomie de divers quartiers de Paris, par Prevost, lithographie *sur pierre.*
L. 71 c. H. 51 c.
6 épreuves.

190 Panorama des Champs-Élysées, d'après Testard, par Prevost, lithographie *sur pierre*.
H. 57 c. L. 42 c.
50 épreuves.

191 Ombres amusantes, par Ladré, lithographie *sur pierre*.
L. 72 c. H. 53 c.
70 épreuves.

150.
30.
63
36
14
12
86
9.50
19
48
100
3
29
7
20
152
5
14
9
61
16
12
3
200

152
15
———
167

1182-25
10-50
————
1192-75
36-75
————
1156-00

www.ingramcontent.com/pod-product-compliance
Lightning Source LLC
Chambersburg PA
CBHW060441050426
42451CB00014B/3201